L'HABIT NE FAIT PAS L'HYPOCRISIE
IMPRESSIONS POLITIQUES

Si je suis tombé si bas, c'est la faute du droit ;
Le trottoir dans les dents, c'est la faute de l'enseignement ;
Misérable à en crever, c'est la faute de la société !

© 2019, Lefroussar Muey, Sam
Edition : Books on Demand,
12/14 rond-Point des Champs-Elysées, 75008 Paris
Impression : BoD - Books on Demand, Norderstedt, Allemagne
ISBN : 9782322188406
Dépôt légal : janvier 2019

Illustré, écrit et composé par Sam Lefroussar Muey:
«la vengeance des pingouins; l'habit ne fait pas le pingouin».

Introduction

La politique, qu'est-ce que c'est?

De mon point de vue, c'est la science des multiples domaines de la vie courante, et en tant que telle, elle est censée être consciente de l'importance fondamentale de l'éducation dans le bon développement d'une nation afin de construire un pont en conséquence, et de relier ces différents domaines dans un ordre aussi juste que raisonnable.

Quelque soit le métier, le temps viendra où l'artisan sera trop vieux pour pratiquer son activité, il lui faudra alors enseigner son art et ses théories à un nouvel apprenti afin qu'il prenne le relais à son tour et puisse transmettre ce savoir, entretenu parfois pendant bien des siècles: un joyau appartenant aux héritiers de l'humanité.

Chaque nouvelle génération d'apprentis profite de davantage de recul sur les sujets étudiés par ses prédécesseurs, ce qui permet d'apporter un regard nouveau complétant peut-être les vieilles idées et c'est principalement ce dont notre société hyper-connectée et hyper-stimulée a besoin.

La force de l'âge, comme on dit, est à la vingtaine, c'est à cet âge qu'on veut changer le monde, expérimenter des alternatives; à 50 ans on a généralement qu'une envie: rendre son tablier et mettre les pieds sous la table; et ce n'est pas sans raison.

La Vie n'est ni jalouse ni égoïste, au contraire, elle a une place pour chacun dans son cœur, elle n'est qu'abondance sur cette Terre, lorsqu'on la comprend et la reconnaît à sa juste valeur. Cependant, chaque chose en son temps, il y en a un pour apprendre, un autre pour expérimenter et puis, un autre pour pérenniser par l'écrit cette expérience: on ne peut être au four et au moulin.

Cela dit, l'humain étant un être social, il a besoin pour s'organiser en société d'informations, et le partage des connaissances au travers de l'enseignement à un rôle prépondérant dans cette dernière puisqu'elle est censée permettre à chacun de révéler son potentiel propre, de trouver sa place au sein de la communauté: là où il sera le plus efficace, le plus valorisé, le plus en accord.

On peut admettre donc que le bon développement d'une société est basé sur l'échange de connaissances - c'est d'ailleurs la grande «mode» financière (après avoir délocalisé toutes les industries il ne reste plus que le commerce des données) - et qu'il ne peut y avoir de conflits qu'en raison d'une faute de communication.

En partant de ce constat, on peut dire que rien n'est plus responsable que de faire honneur à un savoir faire hérité dans les règles de l'art en le transcrivant du mieux que l'on peut, d'être à l'écoute des idées novatrices apportées par chacun au réseau social et de les partager.

Je vous invite à regarder les vidéos d'Idriss Aberkane sur l'économie de la connaissance, il y détaille avec brio l'intérêt fondamental de la communication, de la connaissance, de l'échange.

Pour illustrer mon propos j'aimerais maintenant vous donner un exemple vécu: Avant de commencer à lire, j'étais désemparé, déprimé, déboussolé. A partir du premier livre d'intérêt (en opposition à la fiction) jusqu'à aujourd'hui et demain encore, chaque livre m'a apporté quelque chose, je me suis reconnu dans certaines idées qui ont participé à développer ma pensée, la faire avancer, se construire et se déconstruire. Des vies et des époques tout à fait différentes m'ont saisi par leurs récits, je me suis reconnu dans les écrits de la main «d'étrangers». J'ai alors compris le sens que pouvait prendre de simples vers au fur et à mesure du temps: si nous mourrons, les écrits continuent de transmettre leurs messages et réconforteront les exclus, les anges abandonnés par la société conditionnelle.

Politique et poésie vont de pair car si la politique est la science des multiples la poésie en est l'art d'expression. Jonglant avec la beauté, la bonté et la justice - par amour - le poète dénonce bien souvent les tords de la société en décriant ces extrêmes contrastes, ces tabous et ces vertus.

J'ai toujours souhaité œuvrer pour le bien commun, mais l'hypocrisie de la classe politique - qui dit le contraire de ce qu'elle pense pour des intérêts privés - m'a désintéressée de cette voie. J'ai donc pris la tangente jusqu'à ce que la poésie me tombe littéralement dessus et redonne goût à ce qui faisait sens pour moi, tout en me donnant l'opportunité de m'exprimer librement, de «danser» avec les différents domaines de la vie et de faire le lien entre les acteurs de ceux-ci.

J'ai pu remarquer qu'en lisant un livre dans le train on peut influencer les

Je tenais à développer tout cela pour en arriver à un point:
Tous vos actes expriment quelque chose et ont donc une dimension
politique. Même si vous pensez que tout a déjà été fait, cela appartient au
qui me soit arrivée.
de m'y mettre il y a deux ans, pourtant la poésie est la chose la plus sensée
vision générale des choses. De plus je n'aurais jamais imaginé écrire avant
Je n'ai jamais supporté d'être réduit à une étiquette définie, préférant une
routinière).
uniformisants et parfois insensés (l'hyper-spécialisation classico-moderne
l'injustice, le superficiel, l'inutile induits dans des protocoles dogmatiques,
beaucoup aidé à accepter ma nature qui se refusait catégoriquement
le sens politesse) pour faire avancer les mentalités et la société. Cela m'a
de grandes écoles, d'être reconnu au niveau du politiquement correct (dans
et donc qu'il n'était pas nécessaire d'être «élu», d'avoir des diplômes, de faire
que de «petits» gestes peuvent avoir de grands impacts sur l'environnement,
Ce sont de simples observations comme celles-ci qui m'ont amené à penser
vous pouvez laisser à disposition.
vous-même, des gens vous remarquent et captent toutes les informations que
fumez une cigarette, ou non, quelque soit l'image que vous vous faites de
De même, en prenant les escaliers deux à deux dans les transports, si vous
vont se détendre, s'étirer, se masser.
en fonction de ce dernier. Si on lit un livre de massage par exemple, les gens
s'occuper, et s'ils s'intéressent au contenu leur comportement va aussi varier
autres passagers, ils vont se dire que c'est une bonne idée de lire pour

passé; nous vivons tous un présent unique avec un angle particulier- dont nous sommes les acteurs et les témoins - qu'il est essentiel de partager avec les autres pour que ce présent puisse germer et se développer: l'éducation est l'arme la plus puissante au monde nous disait déjà Nelson Mandela. Dans un monde factice, l'Humanité se meurt d'un appétit constructif qui soit sain et équilibré pour sa progéniture. Je ne peux que vous inviter à cultiver la fibre artistique qui est en vous, à explorer vos potentiels et vos frustrations, un monde gouverné par l'art serait bien plus épanouissant.

Beaucoup d'histoires et de poèmes sont abandonnés au fond des placards; le courant étant mené par des expressions artistiques de valeurs esthétiques, virtuelles cherchant encore et toujours à photocopier la magie de la nature, sans plus de génie, et fuyant l'immorale réalité; l'âme poétique engagée sur tous les fronts est, malgré elle, refoulée à la cave ou au grenier.

«L'habit ne fait pas le moine» est devenue une expression courante, comme quoi les mots ne sont pas les seuls à cacher leur jeu; après tout chacun d'eux - comme chaque lettre et chaque syllabe qui les composent - ont leur propre musique.

Il y a une infinité de façons d'exprimer un symbole, j'ai choisi, pour ma part, de laisser un maximum de place à l'imaginaire de chacun parce qu'il n'y a, à mon goût, pas de plus belle poésie que celle incitant la Vie à s'exprimer.
En parallèle, c'est tout à la fois pour moi une volonté de faire un clin d'œil à la société de l'immédiat, une forme fidèle à ma muse - intuitive et volatile - , une invitation à prendre le temps de contempler les mots sans prêt-à-porter,

Pour composer un poème
C'est pas si compliqué,
Il suffit de connaître un thème
Et de le faire rimer.

Pour les rendre bohème,
Il reste à le chanter
Qu'ils s'éveillent et s'émerveillent
Devant la beauté naturelle
De ce qu'ils ont sous le nez,
Colorer telle une aquarelle
Leurs mélancoliques pensées.

Enfin, je vous invite à commencer ce recueil par un poème hors-cadre que j'ai nommé «Gymnastique dialectique»:

Après tout, la poésie n'a à mon avis de limites que celles qu'on lui impose, je propre de celle-ci est d'embrasser la vie dans son ensemble et donc de briser les frontières, alors exprimez-vous, que ce soit par la vue, l'ouïe, l'odorat, la langue, le palais, les nerfs ou les neurones.

et une merveilleuse occasion de rajouter du sel au tissu universel.

« Ces poètes-là, voyez-vous, ne sont pas d'ici-bas : laissez-les vivre leur vie étrange ; laissez-les avoir froid et faim, laissez-les courir, aimer et chanter : ils sont aussi riches que Jacques Coeur, tous ces fol enfants, car ils ont des rimes plein l'âme, des rimes qui rient et qui pleurent, qui nous font rire ou pleurer : Laissez-les vivre : Dieu bénit tous les miséricords, et le monde bénit les poètes. »
Arthur Rimbaud, tiré du recueil « des Ardennes au Désert ».

« Chaque être humain est une œuvre en devenir qui, lentement mais inexorablement, progresse vers la perfection. Chacun de nous est une œuvre d'art incomplète qui s'efforce de s'achever. »
Elif Shafak, « Soufi, mon amour ».

*Le nez en l'air,
Ils font mine de rien
Devant le ballet aérien
D'une terrible guerre.*

En France, on a tellement de droits
Qu'on passe ses journées aux devoirs
Pour démêler un tas de lois
Sous peine de se faire avoir.

*Le sceptique
Est aseptisé
A la politique
Aromatisée.*

La connerie,
La meilleure
Industrie
De malheurs.

Je veux pas me réveiller
Sur mon lit de mort
Pleurant sur mon corps
Meurtri de travailler.

On paie
Le prix
De la paix
Toute la vie.

Si beaucoup se noient dans la solitude,
Bien qu'y flotte aussi quiétude,
C'est le flot du courant individualiste
Dans un fleuve productiviste.

Vide de fonds,
Le cœur de l'histoire
Fait le trottoir
Et tourne en rond.

*La fatalité,
Un choix
De facilité
Maladroit.*

J'ai besoin de place,
Pas d'un palace,
Juste de quoi vivre
Sans finir ivre.

*La route
Des doutes
Ne tourne pas droit,
Croyez-moi.*

*Dépassés
Par le passé,
Ils chassent
L'angoisse.*

*Y en a marre de consommer
Des produits empoisonnés,
Naturellement la terre est riche
Pourtant l'apprenti sorcier triche.*

Spectateur,
Être
Le spectre
De son bonheur.

On s'adapte à ce train-train
Comme un rien
Et on s'engraisse
Avec la vieillesse.

*Le code
De la route,
Une ode
A la banqueroute.*

La France
En pitance
Aux touristes
Égoïstes.

*L'éducation
Au consumérisme,
La passion
Du masochisme.*

Je me suis évadé dans des soirées folles,
Mais l'inconscience j'en ai ras le bol.
Je veux faire quelque chose d'utile
Avant de finir tout seul sur une île.

*T'inquiètes
Employé,
Tu seras récompensé
En cacahuètes.*

*Le paresseux
Fera de son mieux
Pour s'accorder
Avec la gravité.*

*Tout est un
Univers,
Des vers
Aux chiens.*

*Les enfants
Naissent
Sous un éléphant
De maladresse.*

*Un effort
Minimum
Pour un confort
Maximum.*

*Pendant 20 ans j'étais perdu
Dans un monde aux sens distordus
Que pourtant j'aimais
Même s'il me désespérait.*

*La peur
Du contrôleur
Coupe les ailes
Du rebelle.*

Le temps passe
Et l'écran occupe toute place
De la mémoire,
Des espoirs.

Mon organisation
Garde une part aléatoire
Ouvrant aux déboires
En mal de compréhension.

Qui dénie la nature
Se prendra un mur;
Qui délie les mœurs
Aura les honneurs.

À vingt-quatre ans je suis retourné en enfance
Et les livres m'ont donné la chance
De me découvrir
Et de m'ouvrir.

Je veux mettre à terme
Plusieurs projets en germe
Contre cette calamité
Qu'est l'inéquité.

En écrivant ces rimes,
Mon cerveau imprime
Chaque lettre, mot, phrase
Dans une certaine extase.

*La création est concrète,
L'étude est abstraite,
L'une élague,
L'autre divague.*

J'ai la Vie comme passion,
Une éternelle inspiration
Que j'exprime
À travers ces maigres rimes.

*Le hasard
Du chemin,
Ou un as de l'art
Vers son destin?*

Les mots étaient déjà nés,
Je ne les ai pas inventés
Et ils survivront encore
Bien après ma mort.

Avec une camisole,
Je ne crois pas que tu rigoles.
Pour les mots c'est pareil,
Ils n'aiment finir en bouteille.

*Les vêtements
Sont dépendants
Des modes,
C'est pas commode.*

Dans la vie,
Tout le monde cherche sa voie
Sans se douter que toutes les voix
Mènent au paradis.

Dans un monde de bisounours
Gouverné par les bourses,
On devient hors-la-loi
Pour les fins de mois.

Les idéaux, les hautes pensées,
Sont sensés
Voir loin
Et non rester dans leur coin.

Si Joe sature,
C'est qu'il y a un os,
Une bosse
Contre nature.

*De vieux idiomes
Ont demandé mon diplôme,
J'ai sorti du PQ
Ça ne leur a pas plu.*

L'humour
A un drôle
De rôle
De nos jours.

Manger, boire, dormir,
Se chauffer et s'instruire :
Des besoins essentiels,
Non des lubies superficielles.

*Dans ce bas monde,
À chacun ses ondes,
Ses rêves de voyage
Depuis son petit nuage.*

Mon désir
N'est pas de jouer
Mais de jouir
De la vérité.

Parce que tout a commencé là, d'après moi, je tiens en premier lieu à remercier mes parents, mes grands-parents, mes arrières-grands-parents - et vous l'aurez compris - , tous mes ancêtres, grâce à qui je suis là.

Je tiens à remercier Rimbaud et en profiter pour lui rendre hommage; à cette voisine aussi qui m'a ouvert sa porte et offert le premier livre d'une longue évolution personnelle; à ma famille et mes amis qui m'ont encouragé et inspiré chacun à leur manière; et à tous ces gens qui ont participé au lancement de cette série, merci à tout ce beau monde!

Sans Diable,
Ni Maître,
Tout le Monde aurait Le choix.

<u>Illustration:</u>
<u>«Le retour du baton (de berger)».</u>